Amreen Khan

Análise de dados utilizando Python e Power BI

Amreen Khan

Análise de dados utilizando Python e Power BI

ScienciaScripts

Imprint
Any brand names and product names mentioned in this book are subject to trademark, brand or patent protection and are trademarks or registered trademarks of their respective holders. The use of brand names, product names, common names, trade names, product descriptions etc. even without a particular marking in this work is in no way to be construed to mean that such names may be regarded as unrestricted in respect of trademark and brand protection legislation and could thus be used by anyone.

Cover image: www.ingimage.com

This book is a translation from the original published under ISBN 978-620-8-11851-8.

Publisher:
Sciencia Scripts
is a trademark of
Dodo Books Indian Ocean Ltd. and OmniScriptum S.R.L publishing group

120 High Road, East Finchley, London, N2 9ED, United Kingdom
Str. Armeneasca 28/1, office 1, Chisinau MD-2012, Republic of Moldova, Europe
Printed at: see last page
ISBN: 978-620-8-14092-2

ÍNDICE

Resumo

No mundo atual, orientado para os dados, compreender grandes volumes de informação é essencial para uma tomada de decisões e um planeamento estratégico eficazes. Quatro ferramentas amplamente utilizadas na análise de dados - Python, Power BI, SQL e Excel - oferecem pontos fortes únicos que, quando combinados, fornecem uma solução abrangente para o tratamento e interpretação de dados.

Python é uma linguagem de programação versátil com bibliotecas poderosas como Pandas, NumPy e Matplotlib. Estas bibliotecas tornam-na excelente para tarefas como a limpeza de dados confusos, a realização de análises estatísticas complexas e a criação de visualizações detalhadas. Python pode lidar com grandes conjuntos de dados e cálculos complexos, o que a torna uma das preferidas dos cientistas e analistas de dados para análises aprofundadas.

O Power BI é uma ferramenta de análise empresarial desenvolvida pela Microsoft que permite aos utilizadores criar visualizações interactivas e relatórios detalhados. A sua interface de fácil utilização e a capacidade de ligação a várias fontes de dados facilitam a criação de dashboards que fornecem informações em tempo real. As visualizações do Power BI ajudam os utilizadores a compreender as tendências e os padrões dos dados num relance, facilitando a tomada de decisões rápidas e informadas.

A SQL (Structured Query Language - Linguagem de Consulta Estruturada) é essencial para gerir e consultar bases de dados relacionais. Permite aos utilizadores recuperar, atualizar e manipular eficazmente os dados armazenados nas bases de dados. A SQL é altamente eficaz para trabalhar com dados estruturados, efetuar consultas complexas e gerir grandes conjuntos de dados, o que a torna uma tecnologia de base na gestão de dados.

O Excel é um programa de folha de cálculo amplamente utilizado, conhecido pela sua acessibilidade e funcionalidades poderosas, como tabelas dinâmicas, VLOOKUP e inúmeras funções estatísticas. O Excel é particularmente útil para a exploração preliminar de dados, cálculos rápidos e criação de tabelas e gráficos simples. A sua facilidade de utilização torna-o uma ferramenta de eleição para muitos analistas, especialmente para conjuntos de dados mais pequenos e análises simples.

Quando estas ferramentas são utilizadas em conjunto, complementam-se na perfeição. A capacidade do Python para processar e analisar grandes conjuntos de dados pode ser combinada com as capacidades eficientes de gestão e recuperação de dados do SQL. Depois de os dados serem preparados e analisados, o Power BI pode ser utilizado para criar visualizações dinâmicas que facilitam a compreensão dos resultados.

O Excel pode ser utilizado durante todo o processo para verificações rápidas, cálculos e exploração inicial de dados. Ao integrar Python, Power BI, SQL e Excel, os analistas podem aproveitar as melhores caraterísticas de cada ferramenta, resultando num processo de análise de dados mais eficiente e abrangente. Esta abordagem integrada garante que os dados não só são geridos e analisados de forma eficaz, mas também apresentados de uma forma que torna os conhecimentos claros e acionáveis. Esta sinergia melhora a tomada de decisões e a inteligência empresarial, fornecendo às organizações um poderoso conjunto de ferramentas para navegar nas complexidades da análise de dados.

CAPÍTULO - 1

APRESENTAÇÃO DA EMPRESA

1.1 Sobre a organização

O processo de desenvolvimento na Codemate é caracterizado pela adesão às melhores práticas de desenvolvimento de software, incluindo metodologias ágeis, integração contínua e procedimentos rigorosos de testes. Isso garante que os projetos sejam entregues no prazo, dentro do orçamento e com os mais altos padrões de qualidade.

A Codemate IT Services Pvt. Ltd. é uma organização dinâmica especializada no fornecimento de formação de alto nível para requisitos técnicos em empresas de TI e no desenvolvimento de projectos inovadores para uma clientela diversificada. Fundada com a visão de colmatar a lacuna entre as necessidades da indústria e os profissionais qualificados, a Codemate criou um nicho para si própria no mundo competitivo dos serviços de TI.

Formação e desenvolvimento

Um dos principais pilares das ofertas da Codemate são os seus programas de formação abrangentes. Esses programas são meticulosamente projetados para atender às demandas em evolução do setor de TI. Os módulos de treinamento da Codemate cobrem uma ampla gama de habilidades técnicas, desde linguagens de programação básicas como Java, Python e C ++ até tecnologias avançadas, como inteligência artificial, aprendizado de máquina, blockchain e computação em nuvem. A organização orgulha-se de se manter à frente das tendências tecnológicas, garantindo que os seus formandos estão bem equipados com as mais recentes competências e conhecimentos.

A abordagem de treinamento na Codemate é altamente prática e prática. A organização acredita na filosofia de aprender fazendo, o que se reflecte na utilização extensiva de projectos do mundo real e estudos de caso no currículo. Esta metodologia não só melhora a experiência de aprendizagem, como também prepara os formandos para os desafios reais que irão enfrentar no ambiente profissional.

Desenvolvimento de projectos

Para além da formação, a Codemate IT Services Pvt. Ltd. destaca-se no desenvolvimento de projectos de ponta para clientes de várias indústrias. A organização tem uma equipa robusta de programadores, designers e gestores de projectos experientes que trabalham em colaboração para fornecer soluções de alta qualidade adaptadas às necessidades específicas de cada cliente. Quer se trate do desenvolvimento de uma aplicação web sofisticada, de uma aplicação móvel ou de uma solução de software empresarial complexa, a equipa da Codemate garante que cada projeto é executado com precisão e excelência.

1.2 Antecedentes históricos

A Codemate IT Services Pvt. Ltd. é uma empresa relativamente nova no sector dos serviços de TI, tendo sido fundada em 2023. Apesar da sua recente criação, a empresa estabeleceu-se rapidamente como um interveniente importante no sector, impulsionada por uma visão forte e uma equipa de profissionais dedicados. Eis um breve historial da Codemate IT Services Pvt. Ltd:

Etapas iniciais e crescimento inicial

Nos estágios iniciais, a Codemate concentrou-se em estabelecer uma base sólida. Os fundadores aproveitaram sua ampla experiência no setor para desenvolver um currículo abrangente para programas de treinamento técnico. Reuniram uma equipa de formadores especializados, cada um com um profundo conhecimento das tecnologias actuais e emergentes. Os programas de formação iniciais foram bem recebidos, atraindo um grupo diversificado de estudantes ansiosos por melhorar as suas competências técnicas.

Ao mesmo tempo, a Codemate começou a aceitar projetos de pequeno e médio porte para construir seu portfólio e reputação. Esses projetos abrangeram vários setores, demonstrando a capacidade da empresa de fornecer soluções de TI personalizadas, adaptadas a necessidades comerciais específicas.

Expansão dos serviços

Encorajada pela resposta positiva aos seus programas de formação e projectos iniciais, a Codemate expandiu rapidamente as suas ofertas de serviços. A empresa introduziu módulos de formação avançada em áreas como a inteligência artificial, a aprendizagem automática e a cadeia de blocos. Este movimento foi uma resposta direta à crescente procura de profissionais especializados nestas tecnologias de ponta.

Na frente de desenvolvimento de projectos, a Codemate começou a assumir projectos mais complexos e de grande escala. A abordagem ágil e flexível da empresa permitiu-lhe adaptar-se aos requisitos únicos de cada cliente, conduzindo a conclusões de projectos bem sucedidas e a clientes satisfeitos.

Parcerias e colaborações estratégicas

Reconhecendo a importância da colaboração para alcançar sua missão, a Codemate estabeleceu parcerias estratégicas com empresas líderes em tecnologia e instituições educacionais. Estas parcerias têm sido fundamentais para melhorar a qualidade dos programas de formação e expandir o alcance da empresa. As colaborações com gigantes da tecnologia fornecem aos formandos acesso às mais recentes ferramentas e plataformas, enquanto as alianças com universidades ajudam a alinhar o currículo com os padrões da indústria.

Compromisso com a inovação

Desde a sua criação, a Codemate tem colocado uma forte ênfase na inovação. A empresa criou uma equipa interna de investigação e desenvolvimento para explorar novas tecnologias e metodologias. Este compromisso com a inovação reflecte-se tanto nos seus programas de formação como nos serviços de desenvolvimento de projectos. Ao manter-se à frente das tendências tecnológicas, a Codemate garante que as suas ofertas permanecem relevantes e valiosas para os seus clientes e formandos.

Impacto comunitário e social

A Codemate IT Services Pvt. Ltd. também acredita em retribuir à comunidade. Desde a sua fundação, a empresa tem estado envolvida em várias iniciativas sociais destinadas a promover a literacia digital e a proporcionar oportunidades de aquisição de competências técnicas a indivíduos desfavorecidos. Estas iniciativas ajudaram a Codemate a construir uma reputação positiva e a ter um impacto significativo na sociedade.

Olhando para o futuro

Enquanto a Codemate IT Services Pvt. Ltd. continua a crescer, ela permanece comprometida com seus princípios fundadores de excelência, inovação e foco no cliente. A jornada da empresa, embora curta, é marcada por conquistas significativas e uma visão clara para o futuro. Com os seus programas de formação robustos e capacidades excepcionais de desenvolvimento de projectos, a Codemate está bem posicionada para se tornar um nome líder na indústria de serviços de TI.

1.3 Localização

Lote n.º 3, Rajendra Nagar, Takli Sim, perto do ponto T, Hingna Road, Nagpur-440036

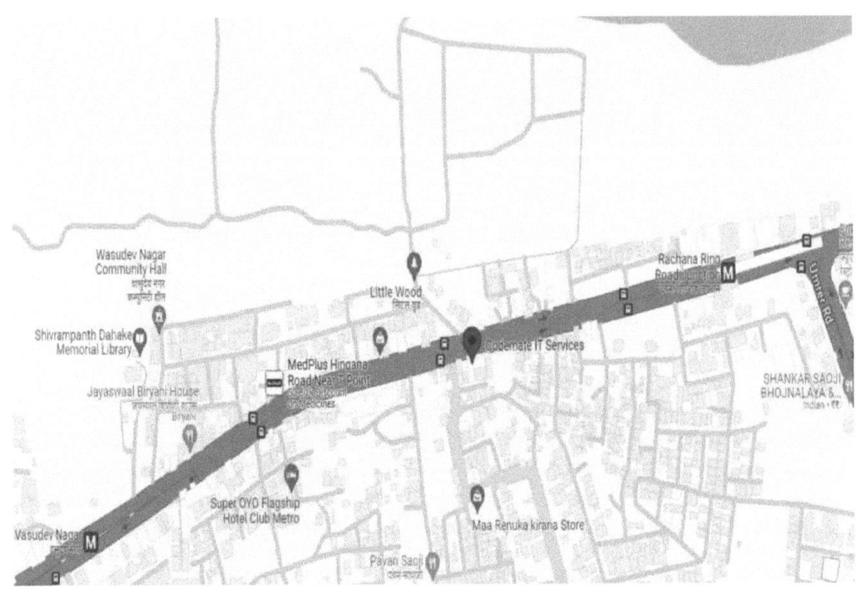

Fig 1.3.1 Localização da empresa

1.4 Estrutura operacional

Para uma empresa de pequena escala como a Codemate IT Services Pvt. Ltd., uma estrutura operacional eficiente e bem definida é crucial para agilizar os processos, garantir uma comunicação clara e atingir os objectivos comerciais. Segue-se uma sugestão de estrutura operacional básica que pode ajudar a Codemate a gerir eficazmente os seus serviços de formação e desenvolvimento de projectos:

1. Liderança executiva

a) CEO/Diretor Geral

b) COO (Diretor de Operações)

2. Administração e Recursos Humanos

a) Gestor de RH

b) Assistente administrativo

3. Departamento de Formação

a) Diretor de Formação

b) Formadores

4. Departamento de Desenvolvimento de Projectos

a) Gestor de projectos

b) Líderes de equipas de desenvolvimento

c) Programadores e Designers

5. Vendas e marketing

a) Gestor de vendas

b) Diretor de Marketing

6. Finanças e Contabilidade

a) Diretor financeiro

b) Contabilista

7. Apoio ao cliente e garantia de qualidade

a) Gestor de apoio ao cliente

b) Chefe de Garantia de Qualidade

Esta estrutura operacional básica fornece uma estrutura para que a Codemate IT Services Pvt. Ltd. opere de forma eficiente, garantindo funções e responsabilidades claras em toda a organização. À medida que a empresa cresce, essa estrutura pode ser adaptada e expandida para acomodar novas funções e operações mais complexas.

1.5 Visão e Missão da Empresa

Declaração de visão

Na Codemate IT Services Pvt. Ltd., a nossa visão é revolucionar o cenário educacional através de soluções tecnológicas inovadoras, capacitando os indivíduos a desbloquear todo o seu potencial e a conduzir um futuro mais brilhante e mais conectado. Aspiramos a ser o líder global em EdTech e desenvolvimento de projectos, promovendo uma cultura de aprendizagem e desenvolvimento contínuos para estudantes, profissionais e instituições.

Declaração de missão

A nossa missão na Codemate IT Services Pvt. Ltd. é fornecer tecnologia educativa de ponta e serviços de desenvolvimento de projectos que melhorem as experiências de aprendizagem e impulsionem o sucesso académico e profissional. Estamos comprometidos com:

- Desenvolvimento de plataformas de aprendizagem intuitivas, eficazes e acessíveis.
- Fornecer soluções personalizadas de desenvolvimento de projectos que satisfaçam as necessidades únicas dos nossos clientes.
- Fomentar um ambiente de colaboração que incentive a criatividade, a inovação e a excelência.
- Dotar os indivíduos e as organizações das competências e conhecimentos necessários para prosperar num mundo digital dinâmico.
- Manter os mais elevados padrões de qualidade, integridade e satisfação do cliente em todos os nossos empreendimentos.
- Através da nossa dedicação a estes princípios, pretendemos ter um impacto positivo duradouro na comunidade educativa global e não só.

1.6 Produto fabricado

Na Codemate IT Services Pvt. Ltd., nosso compromisso inabalável com a excelência é evidente na ampla gama de serviços de TI que fornecemos. Desde o desenvolvimento de soluções de software robustas e aplicações móveis intuitivas até à oferta de serviços escaláveis baseados na nuvem e ferramentas avançadas orientadas para a IA, a nossa experiência satisfaz as necessidades únicas de várias indústrias. Os nossos serviços inovadores permitem às empresas alcançar uma maior eficiência operacional, simplificar processos e obter vantagens competitivas nos respetivos mercados.

Ao alargar continuamente os limites da tecnologia, garantimos que os nossos serviços não só satisfazem as exigências actuais, como também antecipam as tendências e os desafios futuros. A nossa dedicação à inovação leva-nos a fornecer soluções que promovem o progresso, apoiam o crescimento e garantem o sucesso no cenário digital em constante evolução. Confie na [Nome da empresa de TI inicial] para ser o seu parceiro na navegação pelas complexidades da tecnologia moderna e na concretização dos seus objectivos comerciais.

CAPÍTULO - 2

INTRODUÇÃO DO PROJECTO

2.1 Introdução

No mundo atual, orientado para os dados, compreender grandes volumes de informação é essencial para uma tomada de decisões e um planeamento estratégico eficazes. Quatro ferramentas amplamente utilizadas na análise de dados - Python, Power BI, SQL e Excel - oferecem pontos fortes únicos que, quando combinados, fornecem uma solução abrangente para o tratamento e interpretação de dados.

Python é uma linguagem de programação versátil com bibliotecas poderosas como Pandas, NumPy e Matplotlib. Estas bibliotecas tornam-na excelente para tarefas como a limpeza de dados confusos, a realização de análises estatísticas complexas e a criação de visualizações detalhadas. Python pode lidar com grandes conjuntos de dados e cálculos complexos, o que a torna uma das preferidas dos cientistas e analistas de dados para análises aprofundadas.

O Power BI é uma ferramenta de análise empresarial desenvolvida pela Microsoft que permite aos utilizadores criar visualizações interactivas e relatórios detalhados. A sua interface de fácil utilização e a capacidade de ligação a várias fontes de dados facilitam a criação de dashboards que fornecem informações em tempo real. As visualizações do Power BI ajudam os utilizadores a compreender as tendências e os padrões dos dados num relance, facilitando a tomada de decisões rápidas e informadas.

A SQL (Structured Query Language - Linguagem de Consulta Estruturada) é essencial para gerir e consultar bases de dados relacionais. Permite aos utilizadores recuperar, atualizar e manipular eficazmente os dados armazenados nas bases de dados. A SQL é altamente eficaz para trabalhar com dados estruturados, efetuar consultas complexas e gerir grandes conjuntos de dados, o que a torna uma tecnologia de base na gestão de dados.

O Excel é um programa de folha de cálculo amplamente utilizado, conhecido pela sua acessibilidade e pelas suas poderosas caraterísticas, tais como tabelas dinâmicas, VLOOKUP e numerosas funções estatísticas. O Excel é particularmente útil para a exploração preliminar de dados, cálculos rápidos e criação de tabelas e gráficos simples. A sua facilidade de utilização torna-o uma ferramenta de eleição para muitos analistas, especialmente para conjuntos de dados mais pequenos e análises simples.

Quando estas ferramentas são utilizadas em conjunto, complementam-se na perfeição. A capacidade do Python para processar e analisar grandes conjuntos de dados pode ser combinada com as capacidades eficientes de gestão e recuperação de dados do SQL. Depois de os dados serem preparados e analisados, o Power BI pode ser utilizado para criar visualizações dinâmicas que facilitam a compreensão dos resultados. O Excel pode ser utilizado durante todo o processo para verificações rápidas, cálculos e exploração inicial de dados.

Ao integrar Python, Power BI, SQL e Excel, os analistas podem aproveitar as melhores caraterísticas de cada ferramenta, resultando num processo de análise de dados mais eficiente e abrangente. Esta abordagem integrada garante que os dados não só são geridos e analisados de forma eficaz, mas também apresentados de uma forma que torna os conhecimentos claros e acionáveis. Esta sinergia melhora a tomada de decisões e a inteligência empresarial, fornecendo às organizações um poderoso conjunto de ferramentas para navegar nas complexidades da análise de dados.

2.2 Revisão da literatura

1. ANÁLISE DE DADOS DE INSIGHTS DE VENDAS EM POWER BI, 2023

O Power BI ajuda as empresas a tomar decisões melhores e mais rápidas, levando a uma maior satisfação do cliente na indústria atual. Cada organização tem os seus próprios dados únicos, e o Power BI pode executar diferentes funções dependendo do objetivo, tornando os dados mais eficazes e eficientes. Por exemplo, no sector médico, o Power BI pode ser utilizado para analisar dados de um grande número de pacientes, fornecendo informações valiosas que podem melhorar os serviços de saúde. No geral, o Power BI é uma ferramenta versátil que se adapta às necessidades específicas de diferentes organizações, ajudando-as a utilizar os seus dados da melhor forma possível para atingir os seus objectivos.

2. Análise e visualização de dados utilizando o Power BI, 2021

O Power BI foi utilizado para visualizar determinados pontos-chave disponíveis e os resultados da análise foram apresentados através dos diagramas de gráficos. Os "resultados da análise apresentados através dos diagramas" significam simplesmente que, depois de analisar os dados utilizando o Power BI, os resultados ou conclusões foram comunicados através destes gráficos ou diagramas visuais. Em vez de apresentar um longo relatório repleto de números e texto, as principais conclusões são resumidas visualmente, facilitando a compreensão e a ação dos intervenientes relativamente à informação. Assim, o Power BI pega essencialmente em dados complexos e transforma-os em imagens simples e fáceis de compreender que transmitem informações importantes.

3. BIBLIOTECAS PYTHON POPULARES E SEUS DOMÍNIOS DE APLICAÇÃO A.L.

Sayeth Saabith, T. Vinothraj, MMM. Fareez, Volume 7, Número 11, novembro - 2020

A programação em python é a escolha mais adequada para principiantes e profissionais especializados. Este documento explica por que razão o python é mais popular nesta era do mundo real, quais as caraterísticas desta linguagem de programação, como a rapidez, a facilidade, a potência, a portabilidade, a simplicidade e a linguagem de fonte aberta gratuita que suporta outras tecnologias, e discute os vários domínios de aplicação do python. Este estudo também analisou especialmente as bibliotecas python populares que estão a utilizar os seus domínios de aplicação.

2.3 Identificação do problema

Uma empresa de tecnologia utiliza a análise de dados para prever as tendências do mercado e as necessidades dos clientes. Ao compreender estas tendências futuras, pode desenvolver novos produtos e funcionalidades que satisfaçam as necessidades futuras. O planeamento baseado em dados ajuda as empresas a manterem-se competitivas e a inovarem eficazmente. A informação é recolhida de vários locais, como dispositivos que medem coisas (sensores). Os sensores recolhem dados em tempo real sobre vários parâmetros, como a temperatura, a humidade, a pressão e o movimento. Na agricultura, os sensores de humidade do solo ajudam os agricultores a determinar as melhores alturas para regar as culturas, optimizando a utilização da água e melhorando o rendimento das culturas. As plataformas de redes sociais como o Facebook, o Twitter e o Instagram fornecem grandes quantidades de dados sobre o comportamento, as preferências e as opiniões dos utilizadores. As marcas analisam as tendências das redes sociais para compreender o que os clientes estão a dizer e como se sentem em relação a diferentes produtos, o que lhes permite adaptar as suas estratégias de marketing em conformidade.

Os dados transaccionais incluem detalhes de compras, vendas, devoluções e interações com os clientes. Por exemplo, as plataformas de comércio eletrónico utilizam estes dados para recomendar produtos aos clientes com base nas suas compras anteriores, melhorando a experiência de compra e aumentando as vendas. Os dispositivos da Internet das Coisas (IoT), como os smartwatches, os assistentes domésticos e os electrodomésticos conectados, geram fluxos contínuos de dados. Por exemplo, um termóstato inteligente recolhe dados sobre as preferências de temperatura da casa, que utiliza para ajustar automaticamente as definições de conforto e eficiência energética.

Devido ao facto de existirem tantos dados, descobrir o seu significado é mais importante do que nunca. O grande volume de dados pode ser avassalador. As empresas precisam de ferramentas e técnicas para analisar e interpretar estes dados de forma eficaz. As ferramentas avançadas de análise de dados e os algoritmos de aprendizagem automática ajudam as empresas a dar sentido a grandes conjuntos de dados, descobrindo informações que seriam impossíveis de encontrar manualmente. Uma análise de dados eficaz permite que as empresas tomem melhores decisões mais rapidamente, conduzindo a melhores resultados. Uma empresa de logística combina dados de localizadores GPS, previsões meteorológicas e relatórios de tráfego para otimizar as rotas de entrega, reduzindo os custos de combustível e melhorando os tempos de entrega. Ao integrar dados de várias fontes, as empresas obtêm uma compreensão mais abrangente das suas operações, o que lhes permite tomar decisões informadas.

À medida que a quantidade de dados aumenta, a capacidade de os compreender e utilizar corretamente tornou-se muito importante. Com o crescimento exponencial dos dados, as empresas precisam de analistas qualificados e ferramentas poderosas para os processar e analisar de forma eficiente. Investir em plataformas de análise de dados, formar os funcionários em literacia de dados e adotar tecnologias de aprendizagem automática são passos cruciais. As empresas que conseguem aproveitar e interpretar eficazmente grandes volumes de dados ganham uma vantagem competitiva, impulsionam a inovação e satisfazem melhor as necessidades dos clientes. Em resumo, a análise de dados desempenha um papel crucial nas operações comerciais modernas, ajudando as empresas a tomar decisões informadas, a resolver problemas de forma eficiente e a planear estrategicamente o futuro. Como os dados continuam a crescer em volume e complexidade, a capacidade de os analisar e interpretar torna-se cada vez mais vital para o sucesso.

2.4 Objectivos

Eis os objectivos da análise de dados:

1. Encontrar tendências

- **Objetivo**: Detetar padrões ao longo do tempo.
- **Exemplo**: Ver quando as vendas aumentam ou diminuem durante o ano.

2. Resumir dados

- **Objetivo**: Dar uma visão geral dos pontos principais.
- **Exemplo**: Calcular a média de vendas ou a receita total.

3. Prever o futuro

- **Objetivo**: Utilizar dados anteriores para adivinhar o que poderá acontecer a seguir.
- **Exemplo**: Previsão das vendas do próximo mês com base em tendências passadas.

4. Encontrar relações

- **Objetivo**: Ver como diferentes coisas estão ligadas.
- **Exemplo**: Verificar se gastar mais em anúncios aumenta as vendas.

5. Agrupamento de dados

- **Objetivo**: Dividir os dados em diferentes categorias.
- **Exemplo**: Agrupar os clientes em segmentos com base nos seus hábitos de compra.

6. Otimização

- **Objetivo**: tornar os processos melhores e mais eficientes.
- **Exemplo**: Encontrar formas de reduzir os custos na cadeia de abastecimento.

7. Detetar anomalias

- **Objetivo**: encontrar padrões invulgares ou valores atípicos.
- **Exemplo**: Detetar transacções invulgares que possam ser fraude.

8. Decisões de apoio

- **Objetivo**: Fornecer informações que ajudem a tomar melhores decisões.
- **Exemplo**: Sugerir quais os produtos a manter ou remover com base na rentabilidade.

9. Medição do desempenho

- **Objetivo**: Avaliar o desempenho de algo.
- **Exemplo**: Medir o sucesso de uma campanha de marketing.

10. Testar ideias

- **Objetivo**: Verificar se determinados pressupostos são verdadeiros.
- **Exemplo**: Testar se uma nova estratégia de vendas está a funcionar melhor do que a anterior.

11. Gerir os riscos

- **Objetivo**: Identificar e reduzir os riscos.
- **Exemplo**: Analisar os pedidos de crédito para ver quem é suscetível de entrar em incumprimento.

12. Descobrir novas perspectivas

- **Objetivo**: Encontrar novas oportunidades ou conhecimentos.
- **Exemplo**: Identificar novas tendências de mercado para o desenvolvimento de produtos.

13. Garantir a conformidade

- **Objetivo**: garantir que tudo cumpre as regras.
- **Exemplo**: Verificar os registos financeiros para garantir que cumprem as normas legais.

14. Melhorar a experiência do cliente

- **Objetivo**: melhorar a experiência do cliente.
- **Exemplo**: Utilizar o feedback dos clientes para melhorar os produtos e serviços.

CAPÍTULO - 3

PLATAFORMA UTILIZADA

3.1 Trabalhos realizados

O processo de análise de dados utilizando Python, Power BI, SQL e Excel envolve várias etapas que garantem informações precisas e acionáveis. Em primeiro lugar, os dados são recolhidos das bases de dados utilizando SQL, o que permite uma consulta e extração eficientes. Em seguida, os dados são limpos e organizados em Python, onde os erros são corrigidos, as informações em falta são preenchidas e os dados são preparados para análise. A Análise Exploratória de Dados (EDA) é então efectuada utilizando Python e Power BI para visualizar padrões e tendências através de tabelas e gráficos. Para uma análise mais profunda, as ferramentas avançadas do Python ajudam a descobrir relações e a fazer previsões, enquanto o Excel trata de cálculos e resumos mais simples. Os resultados são interpretados e visualizados utilizando o Power BI para relatórios interactivos e o Excel para resumos detalhados, facilitando a compreensão das conclusões. Estes conhecimentos informam a tomada de decisões, conduzindo a acções orientadas por dados. Por fim, o processo é documentado e comunicado através de dashboards do Power BI e relatórios do Excel, e todo o fluxo de trabalho é revisto para melhorias. Isto assegura uma abordagem abrangente e eficiente à análise de dados, aproveitando os pontos fortes de cada ferramenta em diferentes fases.

Ferramentas utilizadas:

MySQL Workbench

O objetivo de um workbench SQL é fornecer aos programadores e administradores de bases de dados uma interface para trabalharem com bases de dados relacionais mais facilmente e de forma mais estruturada. Estas ferramentas são plataformas abrangentes para a conceção, desenvolvimento e gestão de bases de dados, oferecendo funcionalidades como a consulta SQL, a visualização de dados, a conceção de esquemas e a gestão de transacções. Os bancos de trabalho SQL simplificam o processo de escrita e execução de consultas SQL, permitindo aos utilizadores recuperar, manipular e analisar dados de forma eficiente. Também possuem funcionalidades como a modelação de bases de dados, a modificação de esquemas e a otimização do desempenho, que contribuem para a eficiência e eficácia globais do desenvolvimento de bases de dados. Além disso, os workbenches SQL podem facilitar a colaboração entre os membros da equipa, oferecer ferramentas de depuração e permitir a criação de scripts e a automatização.

Fig 3.1.1 MySQL Workbench

Python

Python é uma linguagem de programação versátil e poderosa que é amplamente utilizada em vários domínios, incluindo o desenvolvimento Web, a análise de dados, a inteligência artificial, a computação científica e muito mais. O Python é amplamente utilizado na análise de dados devido ao seu rico ecossistema de bibliotecas e ferramentas especificamente concebidas para tratar, analisar e visualizar dados. O ecossistema Python é rico e está em constante evolução, com novas bibliotecas e estruturas a surgirem para responder a necessidades específicas na análise de dados e na aprendizagem automática. De um modo geral, a versatilidade, a facilidade de utilização e o amplo suporte de bibliotecas do Python fazem dele uma escolha popular para tarefas de análise de dados

Fig 3.1.2 Python

Bloco de notas Jupyter

Os Jupyter Notebooks são incrivelmente populares no campo da análise de dados por vários motivos. Os Jupyter Notebooks combinam código, visualizações e texto narrativo num único documento, facilitando a documentação das etapas de análise, suposições e interpretações juntamente com o código. Os Jupyter Notebooks suportam a integração de visualizações ricas geradas por bibliotecas como Matplotlib, Seaborn, Plotly e outras.

Os Jupyter Notebooks tornaram-se uma ferramenta indispensável para os analistas de dados, proporcionando uma plataforma flexível e interactiva para a exploração, análise, visualização e colaboração de dados. A sua facilidade de utilização, versatilidade e integração com bibliotecas de dados populares fazem deles a escolha preferida da comunidade de análise de dados.

Fig 3.1.3 Bloco de notas Jupyter

Excel

O Excel é uma ferramenta indispensável para a análise de dados devido à sua interface de fácil utilização e às suas diversas funcionalidades. Funciona como um centro de organização de dados em bruto, oferecendo uma entrada de dados fácil e capacidades eficientes de limpeza e formatação de dados. Com a sua extensa biblioteca de funções e fórmulas incorporadas, o Excel permite aos utilizadores efetuar cálculos complexos e análises estatísticas sem esforço. Além disso, as versáteis ferramentas de gráficos do Excel permitem aos utilizadores visualizar os dados através de várias representações gráficas, facilitando a identificação de tendências e padrões. As tabelas dinâmicas melhoram ainda mais a análise e o resumo dos dados, proporcionando uma plataforma dinâmica para explorar grandes conjuntos de dados. Além disso, as ferramentas de análise hipotética do Excel permitem aos utilizadores efetuar avaliações baseadas em cenários, facilitando a tomada de decisões informadas. Essencialmente, o conjunto abrangente de funcionalidades do Excel torna-o um ativo inestimável para os analistas de dados de vários sectores, simplificando o processo de análise de dados e melhorando a perceção dos dados organizacionais.

Fig 3.1.4 Excel

Power BI

O Power BI é como uma ferramenta superalimentada para analisar dados. Começa por ligá-lo ao local onde se encontram os seus dados, como folhas de cálculo ou bases de dados. Depois, pode limpar e organizar os seus dados para que sejam mais fáceis de compreender. Quando os dados estiverem prontos, pode criar tabelas e gráficos interessantes para os visualizar. Pense nisso como uma imagem dos seus dados para o ajudar a ver o que se passa. Também pode fazer coisas inteligentes, como prever tendências futuras ou encontrar padrões nos seus dados.

Depois de elaborar os seus relatórios, pode facilmente partilhá-los com outros membros da sua equipa. É como mostrar aos seus amigos uma imagem que desenhou, mas com dados. Além disso, o Power BI funciona bem com outras ferramentas da Microsoft, pelo que pode utilizá-lo juntamente com ferramentas como o Excel e o Teams. É uma forma prática de transformar os seus dados em informações úteis para a sua empresa.

Fig 3.1.5 Power BI

3.2 Implementação

1. Definir objectivos

O primeiro passo em qualquer projeto de análise de dados é definir objectivos claros. Isto significa compreender o que queremos alcançar com a nossa análise. Pode ser encontrar tendências nos dados de vendas, compreender o comportamento dos clientes ou melhorar os processos empresariais. A definição de objectivos ajuda a centrar a análise e garante que se está a abordar as questões certas.

2. Recolha de dados

Quando os objectivos são claros, o passo seguinte é reunir os dados necessários. A SQL é excelente para este efeito, pois permite-nos extrair dados de bases de dados de forma eficiente, escrevendo consultas específicas. Por exemplo, podemos obter dados sobre transacções de vendas do ano anterior. O Excel também pode ser utilizado para importar dados de várias fontes, como ficheiros CSV ou diretamente de bases de dados. O Python pode automatizar a extração de dados a partir de APIs ou de web scraping, facilitando a recolha de grandes conjuntos de dados.

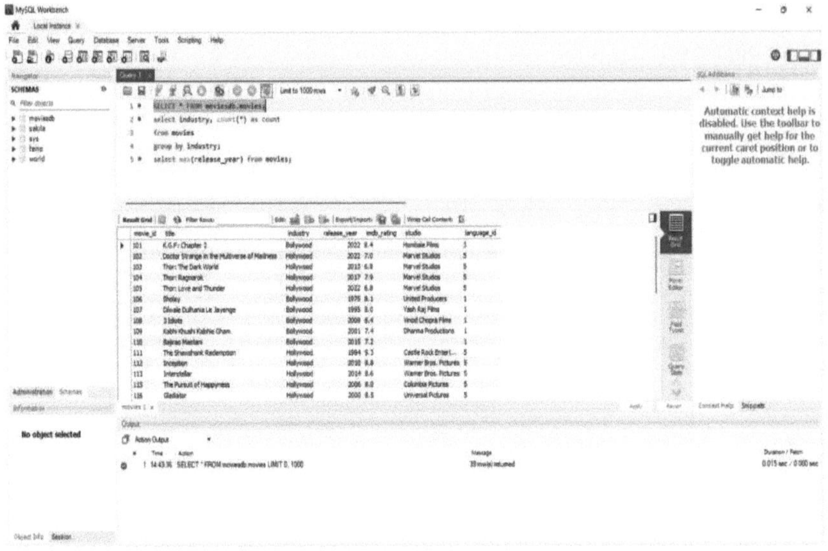

Fig 3.2.1 MySQL Workbench ordenando os dados

3. Limpeza e pré-processamento de dados

Após a recolha dos dados, estes têm de ser limpos e organizados. Este passo envolve a correção de erros, o tratamento de valores em falta e a conversão dos dados num formato adequado para análise. O Python é particularmente útil aqui com as suas bibliotecas como pandas e numpy, que oferecem ferramentas poderosas para a manipulação de dados. Por exemplo, podemos remover entradas duplicadas ou normalizar formatos de data. O Excel também pode ser utilizado para tarefas básicas de limpeza, como a filtragem de dados irrelevantes ou a utilização de fórmulas para corrigir erros.

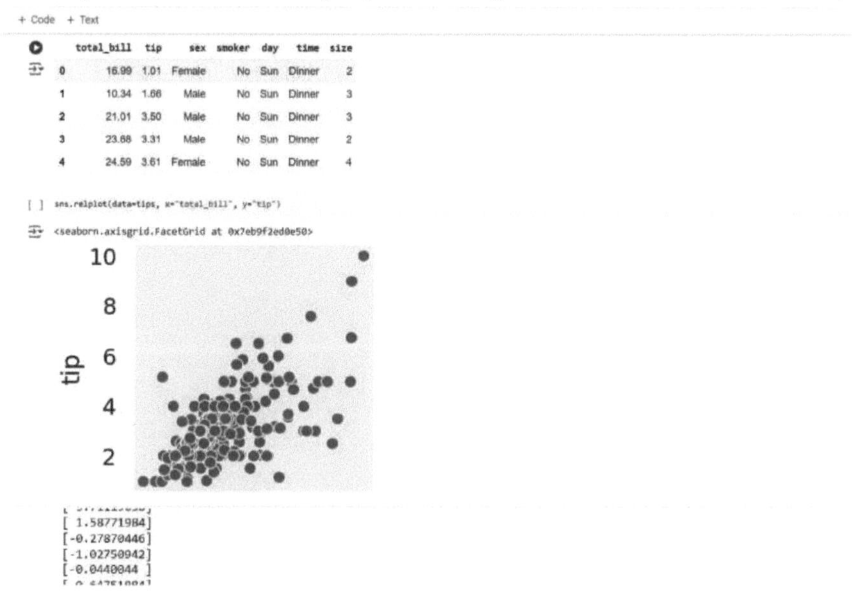

	total_bill	tip	sex	smoker	day	time	size
0	16.99	1.01	Female	No	Sun	Dinner	2
1	10.34	1.66	Male	No	Sun	Dinner	3
2	21.01	3.50	Male	No	Sun	Dinner	3
3	23.68	3.31	Male	No	Sun	Dinner	2
4	24.59	3.61	Female	No	Sun	Dinner	4

Fig 3.2.2 Manipulação de dados utilizando bibliotecas python

4. Análise Exploratória de Dados (AED)

A Análise Exploratória de Dados (EDA) consiste em conhecer melhor os nossos dados. Isto envolve a criação de tabelas e gráficos para visualizar os dados e identificar quaisquer padrões ou anomalias. As bibliotecas matplotlib e seaborn do Python são excelentes para gerar visualizações detalhadas. O Power BI permite-nos criar dashboards interactivos onde podemos explorar os dados visualmente. Este passo ajuda a compreender as tendências e relações subjacentes nos dados antes de mergulhar numa análise detalhada.

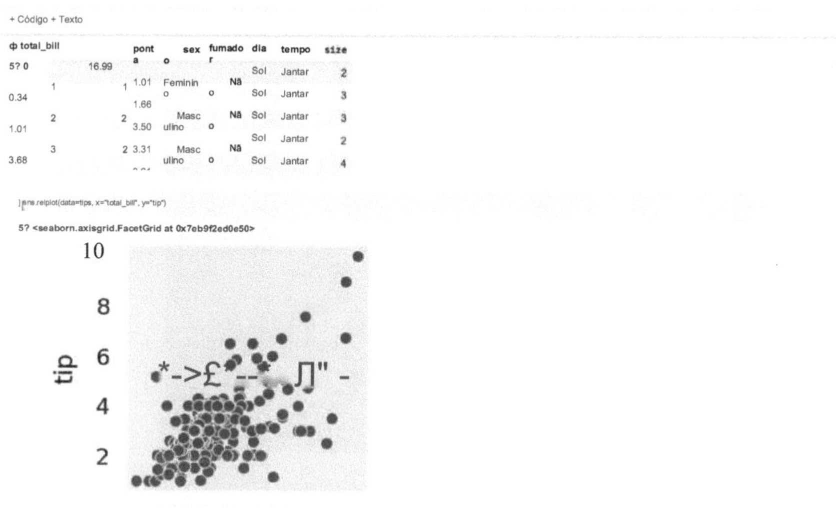

Fig 3.2.3 Gráfico de padrões de dados utilizando o seaborn

5. Análise de dados

Com uma boa compreensão dos dados da EDA, passamos à análise pormenorizada. O Python é muito poderoso para este efeito, especialmente com bibliotecas como o scikit-learn para aprendizagem automática e statsmodels para análise estatística. Estas ferramentas permitem-nos criar modelos de previsão, executar regressões e efetuar outras análises avançadas. O Excel pode ser utilizado para tarefas de análise mais simples, como calcular médias, correlações e criar tabelas dinâmicas para resumir os dados.

6. Interpretação e perspectivas

Depois de analisar os dados, o passo seguinte é interpretar os resultados e obter informações significativas. Isto significa compreender o que os resultados dizem sobre os nossos objectivos originais. O Power BI ajuda a criar relatórios interactivos que facilitam a compreensão dos resultados. O Excel pode ser utilizado para criar resumos e gráficos detalhados que realçam os pontos-chave. Este passo traduz a análise em bruto em informações acionáveis que podem informar a tomada de decisões.

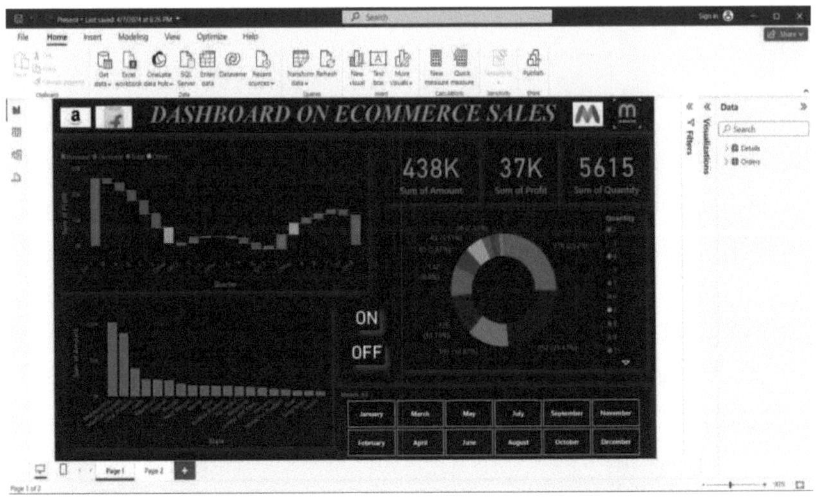

Fig 3.2.4 Painel de controlo do Power BI

7. Tomada de decisões e ação

Os conhecimentos obtidos a partir da análise são depois utilizados para tomar decisões informadas. Estas podem ser decisões comerciais estratégicas, ajustes operacionais ou identificação de novas oportunidades. As informações claras e acionáveis fornecidas pelos relatórios do Power BI e do Excel ajudam as partes interessadas a compreender as implicações e a decidir sobre o melhor curso de ação.

8. Documentação e relatórios

Documentar as descobertas e criar relatórios é crucial para comunicar os resultados da análise. O Power BI é excelente para desenvolver dashboards interactivos que podem ser partilhados por toda a organização. O Excel pode produzir relatórios escritos detalhados e resumos de dados, que são úteis para a manutenção de registos e análises posteriores. Uma boa documentação garante que os conhecimentos estão acessíveis e podem ser consultados no futuro.

	A	B	C	D	E	F	G
1	Order ID	Amount	Profit	Quantity	Category	Sub-Categ	PaymentMode
2	B-25681	1096	658	7	Electronic	Electronic	COD
3	B-26055	5729	64	14	Furniture	Chairs	EMI
4	B-25955	2927	146	8	Furniture	Bookcases	EMI
5	B-26093	2847	712	8	Electronic	Printers	Credit Card
6	B-25602	2617	1151	4	Electronic	Phones	Credit Card
7	B-25881	2244	247	4	Clothing	Trousers	Credit Card
8	B-25696	275	-275	4	Clothing	Saree	COD
9	B-25687	387	-213	5	Clothing	Saree	UPI
10	B-25643	50	-44	2	Clothing	Hankerchi	UPI
11	B-25851	135	-54	5	Clothing	Kurti	COD
12	B-25703	231	-190	9	Clothing	Hankerchi	COD
13	B-25887	2125	-234	6	Electronic	Printers	EMI
14	B-25623	3873	-891	6	Electronic	Phones	Credit Card
15	B-25756	729	-482	5	Furniture	Bookcases	UPI
16	B-25761	2188	1050	5	Furniture	Bookcases	Credit Card
17	B-25655	6	-3	1	Clothing	Hankerchi	UPI
18	B-25786	1854	433	5	Furniture	Bookcases	Credit Card
19	B-26095	6	1	1	Clothing	Kurti	UPI
20	B-25853	2093	721	5	Furniture	Chairs	Credit Card
21	B-25735	7	-1	2	Clothing	Skirt	UPI
22	B-25910	1622	-624	5	Furniture	Tables	Credit Card
23	B-25850	1622	95	5	Electronic	Printers	Credit Card
24	B-25744	373	254	8	Electronic	Printers	UPI
25	B-25845	82	-33	4	Clothing	Kurti	COD
26	B-26001	8	2	2	Clothing	Skirt	UPI
27	B-25830	1954	782	3	Electronic	Phones	Credit Card
28	B-25842	1543	370	8	Electronic	Printers	Credit Card

Fig 3.2.5 Representação em Excel do conjunto de dados

9. Iterar e melhorar

O processo de análise de dados é iterativo, o que significa que melhora continuamente ao longo do tempo. Depois de completar um ciclo, é importante rever o que funcionou bem e o que pode ser melhorado. Isto pode envolver o aperfeiçoamento dos métodos de recolha de dados, a melhoria dos processos de limpeza de dados ou a utilização de técnicas de análise mais avançadas. Ao repetir continuamente, o processo torna-se mais eficaz, conduzindo a melhores resultados orientados para os dados.

10. Fim

O processo termina com uma revisão de todo o projeto, resumindo os resultados e os conhecimentos adquiridos. No entanto, este final é apenas uma pausa temporária até que novos dados ou objectivos actualizados levem a uma nova ronda de análise. Isto assegura que a organização se mantém atenta a novas informações e melhora continuamente os seus processos de tomada de decisão.

Seguindo esta abordagem estruturada e aproveitando os pontos fortes do SQL, Python, Power BI e Excel em diferentes fases, as organizações podem alcançar um processo de análise de dados completo e eficaz. Esta integração não só aumenta a exatidão e a profundidade das informações, como também facilita a comunicação clara e a melhoria contínua, conduzindo a melhores decisões baseadas em dados.

3.3 Procedimentos

- **Início**: Este é o início do processo. Está prestes a iniciar um novo projeto de análise de dados.

- **Definir objectivos**: Indique claramente o que pretende alcançar com a sua análise de dados. Por exemplo, se estiver a analisar dados de vendas, o seu objetivo pode ser compreender quais os produtos que estão a vender melhor.

- **Recolha de dados**: Reúna todos os dados necessários para a sua análise. Estes podem ser provenientes de bases de dados, inquéritos ou quaisquer outras fontes onde estejam armazenadas informações relevantes.

- **Limpeza e pré-processamento de dados**: Preparar os dados para análise. Isto significa corrigir quaisquer erros, preencher informações em falta e organizar os dados de forma a facilitar a sua análise.

- **Análise de dados de laboratório (EDA)**: Efetuar a Análise Exploratória de Dados (EDA). Isto é como dar uma primeira vista de olhos aos seus dados para compreender o seu aspeto, encontrar padrões e detetar pontos estranhos ou interessantes.

- **Análise de dados**: Aprofundar os dados utilizando técnicas e ferramentas específicas. Isto pode envolver a análise estatística, a criação de modelos ou outros métodos para obter informações pormenorizadas dos dados.

- **Interpretação e perspectivas**: Observe os resultados da sua análise e descubra o seu significado. Que história é que os dados contam? Que pontos ou padrões importantes descobriu?

- **Tomada de decisões e ação**: Utilizar os conhecimentos adquiridos para tomar decisões informadas. Por exemplo, se a sua análise mostrar que um determinado produto é muito popular, pode decidir produzi-lo em maior quantidade.

- **Documentação e relatórios**: Escreva o que encontrou e crie relatórios para partilhar os seus resultados com outros. Isto ajuda a comunicar claramente as suas descobertas e mantém um registo para referência futura.

- **Iterar e melhorar**: Reveja todo o processo e veja se há formas de o melhorar. Talvez precise de melhores dados, de métodos de análise diferentes ou apenas de um fluxo de trabalho mais eficiente. Faça ajustes e melhorias para a próxima vez.

- **Fim**: O processo está concluído. Terminou o seu projeto de análise de dados, mas esteja pronto para recomeçar com novos dados ou objectivos actualizados.

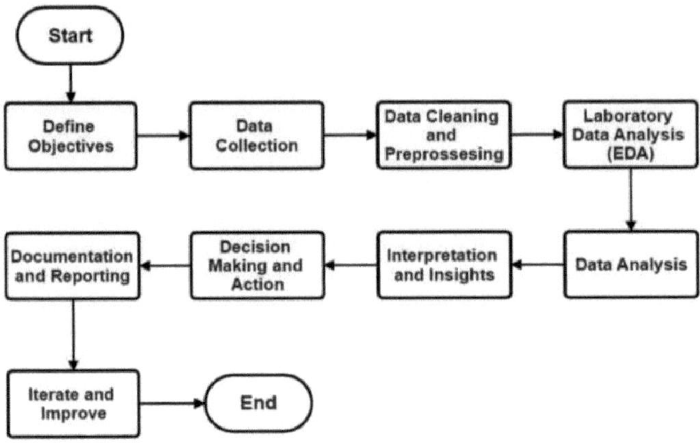

Fig 3.3.1 Processo de análise de dados

3.4 Resultados e discussão

Neste projeto de "Análise de dados utilizando Power BI e Python", desenvolvemos muitas aplicações no conjunto de dados e manipulamos os dados para preparar um painel de controlo e apresentar os dados de forma precisa. Este painel de controlo pode ser utilizado para estudar e analisar dados e preparar acções futuras lógicas e vantajosas para fazer crescer o negócio ou para evitar perdas. Segue-se um dos painéis de controlo preparados para estudar os dados de sítios Web de compras em linha.

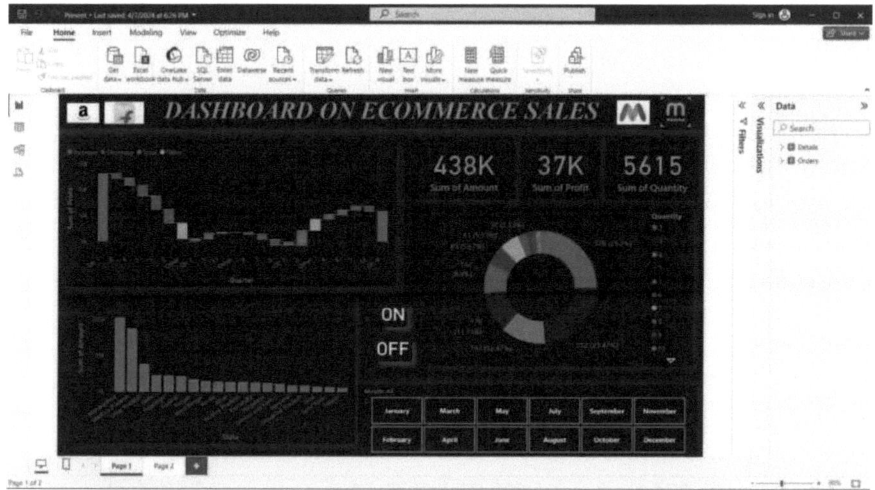

Fig 3.4.1 Resultado da análise de dados num conjunto de dados sob a forma de Dashboard

Este dashboard do Power BI fornece uma visão geral abrangente dos dados de vendas de comércio eletrónico num formato claro e acessível. O título, "DASHBOARD ON ECOMMERCE SALES", juntamente com os logótipos da Amazon, Flipkart, Meesho e outras plataformas, define o contexto de que os dados abrangem as vendas nestas grandes lojas online. Os indicadores-chave de desempenho (KPI) são apresentados de forma proeminente, mostrando o montante total das vendas (438 mil), o lucro total (37 mil) e a quantidade total de artigos vendidos (5615). Estes KPIs dão uma visão rápida do desempenho geral da empresa. O gráfico de barras que mostra o lucro por trimestre utiliza um código de cores para indicar aumentos (verde), diminuições (vermelho) e outras categorias. Isso ajuda a visualizar como os lucros mudaram em diferentes períodos. O gráfico de pizza representa a distribuição das quantidades vendidas, com cada fatia a indicar uma categoria de quantidade diferente e a sua percentagem do total, facilitando a visualização das quantidades mais comuns.

Outro gráfico de barras reparte o montante total das vendas por estado, mostrando quais os estados que geram mais receitas. Esta repartição geográfica é útil para identificar os principais mercados. Está incluído um botão de alternância interativo, que provavelmente permite aos utilizadores mudar de vista ou aplicar filtros específicos, acrescentando uma camada de interatividade ao painel de controlo.

Na parte inferior, os botões de filtro de mês permitem aos utilizadores analisar os dados por mês, permitindo uma análise detalhada das tendências e padrões de vendas mensais. No geral, este dashboard do Power BI transforma dados complexos de comércio eletrónico em informações compreensíveis e acionáveis, ajudando os utilizadores a compreender rapidamente as principais métricas, a identificar tendências e a tomar decisões comerciais informadas

CAPÍTULO - 4

CONCLUSÃO E ÂMBITO FUTURO

4.1 Conclusão e âmbito futuro

Em conclusão, a combinação de Python, Power BI, SQL e Excel cria uma abordagem poderosa e eficiente à análise de dados. Cada ferramenta tem os seus pontos fortes e desempenha um papel específico no processo, garantindo que os dados são tratados de forma eficaz em todas as fases.

Recolha de dados com SQL

A SQL (Structured Query Language - Linguagem de Consulta Estruturada) é utilizada para recolher dados de bases de dados. É altamente eficiente na consulta e extração de conjuntos de dados específicos de grandes bases de dados. Por exemplo, pode utilizar a SQL para filtrar dados com base em critérios específicos, juntar vários conjuntos de dados e selecionar informações relevantes. Esta extração precisa de dados é crucial porque estabelece as bases para uma análise sólida, fornecendo dados precisos e relevantes.

Limpeza e pré-processamento de dados com Python

Uma vez recolhidos os dados, estes têm de ser limpos e preparados para análise. Python, com as suas poderosas bibliotecas como pandas e numpy, destaca-se nesta fase. A limpeza de dados envolve a correção de erros, o tratamento de valores em falta e a organização dos dados num formato utilizável. Python torna este processo eficiente e completo, garantindo que os dados são exactos e estão prontos para uma análise mais profunda.

Análise exploratória de dados com Python e Power BI

A Análise Exploratória de Dados (EDA) envolve o exame dos dados para compreender as suas principais caraterísticas, padrões e anomalias. As bibliotecas de visualização do Python, como o matplotlib e o seaborn, permitem a criação de gráficos detalhados que revelam tendências nos dados. O Power BI complementa isto, oferecendo uma plataforma intuitiva para a criação de dashboards e relatórios interactivos. Estas ferramentas visuais são essenciais para obter uma compreensão abrangente dos dados antes de passar a uma análise mais pormenorizada.

Análise de dados pormenorizada com Python

Para uma análise aprofundada, Python continua a ser a ferramenta de eleição. Oferece bibliotecas avançadas como o scikit- learn para aprendizagem automática e statsmodels para análise estatística, permitindo análises complexas como a modelação preditiva, o agrupamento e a análise de regressão. Esta etapa envolve a descoberta de conhecimentos e relações mais profundos nos dados, que são cruciais para tomar decisões informadas.

Cálculos e resumos com o Excel

O Excel é útil para tarefas analíticas mais simples e relatórios resumidos. A sua interface fácil de utilizar e as funções incorporadas tornam-no ideal para cálculos rápidos, criação de tabelas dinâmicas e resumo de dados. A versatilidade do Excel permite-lhe ser utilizado juntamente com o Python e o Power BI, fornecendo uma camada adicional de análise e criação de relatórios.

Visualizar e interpretar resultados com o Power BI e o Excel

Os resultados da fase de análise são então visualizados para obter informações significativas. O Power BI é particularmente eficaz na criação de relatórios interactivos e visualmente apelativos que podem ser facilmente partilhados com os intervenientes. Estes relatórios permitem aos utilizadores interagir com os dados, facilitando a compreensão dos resultados. O Excel também desempenha um papel importante, oferecendo gráficos e resumos detalhados que podem ser incluídos em relatórios e apresentações.

Tomar decisões informadas

As informações obtidas a partir destas análises servem de base para a tomada de decisões. Ao utilizar as informações baseadas em dados, as organizações podem tomar decisões estratégicas com confiança. Quer se trate de planear estratégias futuras, otimizar operações ou identificar novas oportunidades, os conhecimentos claros e acionáveis derivados dos dados ajudam a orientar estas decisões.

Melhoria contínua

O processo é iterativo, o que significa que melhora continuamente ao longo do tempo. Cada análise fornece lições e conhecimentos que podem ser utilizados para aperfeiçoar análises futuras. Esta abordagem iterativa garante que o processo de análise de dados se torna mais eficaz e eficiente em cada ciclo, conduzindo a melhores resultados orientados para os dados. Ao integrar SQL, Python, Power BI e Excel, as organizações podem aproveitar os pontos fortes de cada ferramenta para efetuar análises de dados completas e perspicazes. Esta abordagem abrangente não só aumenta a exatidão e a profundidade das informações obtidas, como também garante que as conclusões são comunicadas de forma clara e eficaz, apoiando uma melhor tomada de decisões e uma melhoria contínua.

O âmbito futuro da análise de dados é vasto e dinâmico, impulsionado por várias tendências e avanços importantes que estão a remodelar o campo. Eis uma exploração pormenorizada das perspectivas futuras da análise de dados:

1. **Big Data**: Como o volume, a velocidade e a variedade de dados continuam a crescer exponencialmente, a necessidade de

   A utilização de técnicas avançadas de análise de dados para obter informações acionáveis a partir de conjuntos de dados maciços tornar-se-á ainda mais crítica. A análise de grandes volumes de dados, que envolve o processamento e a análise de conjuntos de dados grandes e complexos, desempenhará um papel significativo na revelação de conhecimentos valiosos e na promoção da inovação em todos os sectores.

2. **Inteligência artificial e aprendizagem automática**: Inteligência artificial (IA) e aprendizagem automática

   (ML) estão a revolucionar o campo da análise de dados, permitindo que os computadores aprendam com os dados e façam previsões ou tomem decisões de forma autónoma. O futuro da análise de dados assentará cada vez mais em técnicas de IA e ML para automatizar tarefas, identificar padrões, detetar anomalias e gerar conhecimentos à escala, conduzindo a processos de tomada de decisões mais precisos e eficientes.

3. **Análise preditiva**: A análise preditiva utiliza dados históricos, algoritmos estatísticos e técnicas de ML para prever resultados e tendências futuras. Espera-se que a adoção da análise preditiva aumente significativamente no futuro, uma vez que as organizações procuram antecipar o comportamento dos clientes, prever tendências de mercado, otimizar operações e mitigar riscos de forma proactiva.

4. **Análise em tempo real**: Com o aumento dos dispositivos IoT, sensores e fontes de dados de streaming, há uma procura crescente de capacidades de análise em tempo real. A análise em tempo real permite que as organizações analisem os dados à medida que são gerados, permitindo-lhes responder rapidamente a condições em mudança, detetar problemas

emergentes e capitalizar oportunidades imediatas em áreas como as finanças, os cuidados de saúde, a produção e o comércio eletrónico.

5. **Visualização de dados e narração de histórias**: As ferramentas e técnicas de visualização de dados continuarão a evoluir para ajudar os utilizadores a explorar e a comunicar as informações de forma eficaz. As técnicas avançadas de visualização, os painéis interactivos e as abordagens de narração de histórias permitirão aos analistas transmitir conclusões complexas de uma forma atraente e acessível, facilitando uma melhor compreensão e tomada de decisões por parte dos intervenientes nas organizações.

6. **Análise de dados ética e responsável**: À medida que a análise de dados se torna mais difundida, haverá um foco maior em considerações éticas, preocupações com a privacidade e uso responsável dos dados. As organizações terão de dar prioridade à governação dos dados, garantir a conformidade com regulamentos como o RGPD e a CCPA e implementar práticas transparentes e responsáveis para criar confiança junto dos clientes e das partes interessadas.

7. **Abordagens colaborativas e interdisciplinares**: A análise de dados é intrinsecamente interdisciplinar, exigindo a colaboração entre profissionais com diversas formações em ciência de dados, estatística, conhecimentos especializados e perspicácia empresarial. Os futuros avanços na análise de dados envolverão uma colaboração mais estreita entre cientistas de dados, analistas, especialistas no domínio e decisores para co-criar soluções que abordem desafios complexos e impulsionem a inovação.

REFERÊNCIAS

Referências

1. F. Hussain, A. S. Ishtiaq, S. Mumtaz, M. Adnan, "A Survey on Data Augmentation for Deep Learning: Estado atual da arte, principais desafios e direções futuras", IEEE Access, 2019

2. Andreas Holzinger, Markus Plass, Michael Kickmeier-Rust, Katharina Holzinger, Gloria C. Rabold, Cecile J. Bauer, Alexander Müller, Heimo Kieseberg, Edgar Weippl, "Explainable Artificial Intelligence (XAI): Concepts, Taxonomies, Opportunities and Challenges towards Responsible AI", Information Fusion, 2022

3. L. Li, K. Ota, M. Dong, "A Survey on Federated Learning Systems: Vision, Trends and Challenges", IEEE Transactions on Knowledge and Data Engineering, 2020

4. Wes McKinney, "Python para análise de dados: Data Wrangling with Pandas, NumPy, and IPython", agosto de 2022

5. Shi Y, "Advances in big data analytics: theory, algorithms and practices" (Avanços na análise de grandes volumes de dados: teoria, algoritmos e práticas). Springer, 2022

6. Saswata Nandi e Pratiman Patel, "Biblioteca Python para dados em grelha do IMD", dezembro de 2020

7. L. Wang, G. Wang, e C.A. Alexander, "Big data and visualization: methodschallenges and technology progress", 2015

Printed by Books on Demand GmbH, Norderstedt / Germany